BEI GRIN MACHT SICH IHR WISSEN BEZAHLT

- Wir veröffentlichen Ihre Hausarbeit,
  Bachelor- und Masterarbeit

- Ihr eigenes eBook und Buch -
  weltweit in allen wichtigen Shops

- Verdienen Sie an jedem Verkauf

Jetzt bei www.GRIN.com hochladen und kostenlos publizieren

Employer Branding in Unternehmen

GRIN

Bibliografische Information der Deutschen Nationalbibliothek:

Die Deutsche Nationalbibliothek verzeichnet diese Publikation in der Deutschen Nationalbibliografie; detaillierte bibliografische Daten sind im Internet über http://dnb.d-nb.de abrufbar.

ISBN: 9783346757340
Dieses Buch ist auch als E-Book erhältlich.

Druck und Bindung: Books on Demand GmbH, Norderstedt Germany
Gedruckt auf säurefreiem Papier aus verantwortungsvollen Quellen

Das vorliegende Werk wurde sorgfältig erarbeitet. Dennoch übernehmen Autoren und Verlag für die Richtigkeit von Angaben, Hinweisen, Links und Ratschlägen sowie eventuelle Druckfehler keine Haftung.

Das Buch bei GRIN: https://www.grin.com/document/1293270

Einsendeaufgaben

Themenkatalog 2022

Alternative C

Prüfungsleistung in dem Modul

Employer Branding

vorgelegt der SRH Fernhochschule Riedlingen (E-Campus)

Inhaltsverzeichnis

Abkürzungsverzeichnis

bspw.	beispielsweise
bzw.	beziehungsweise
dt.	deutsch
et al.	et alii
EVP	Employer Value Proposition (dt. Mitarbeiter-Wertversprechen)
ggf.	gegebenenfalls
HR	Human Ressource
s.	siehe
S.	Seite
sog.	sogenannt
u.a.	untern anderem
u.v.m.	und viele(s) mehr
Vgl.	Vergleich
z.B.	zum Beispiel

4

Abbildungsverzeichnis

Tabellenverzeichnis

1 Der Employer Branding-Prozess

Der aktuell herrschende Fachkräftemangel sorgt dafür, dass Unternehmen sich zunehmend mit personalrelevanten Herausforderungen auseinandersetzen müssen. Hinzu kommt die sich stetig weiterentwickelnde Technik, der wachsende Wettbewerb, Veränderungen innerhalb der Gesellschaft sowie der Wertewandel. Stellenanzeigen von Unternehmen werden immer öfters im Internet und nur noch selten in lokalen Zeitungen ausgeschrieben. Dadurch entstehen eine zunehmende Arbeitsmarkttransparenz und ein hoher Konkurrenzdruck. Arbeitssuchende können binnen weniger Klicks freie Jobangebote finden und diese miteinander vergleichen. Positive wie negative Bewertungen, aber auch sämtliche Informationen über den Arbeitgeber lassen sich leicht einsehen und sorgen dafür, dass sich die vom Arbeitgeber angebenden Arbeitsbedingungen mit den tatsächlichen leicht überprüfen lassen.[1] Etablierte Arbeitgeberbewertungsplattformen wie bspw. „kununu" sorgen für eine authentische Darstellung eines Arbeitgebers anhand von Bewertungen, Gehaltsdaten und Firmenkulturbewertungen.[2]

Ein Prozess, der sich in Unternehmen etabliert hat, ist das Employer Branding. Es ist die Summe aller Anstrengungen und Aktivitäten, die darauf abzielt, für aktuelle sowie potenzielle Mitarbeiter attraktiv und motivierend zu sein, umso eine langanhaltende Bindung herzustellen.[3] Beim Employer Branding wird der Arbeitgeber (Employer) als eine Marke (Brand) angesehen. Es geht darum, diese Marke möglichst attraktiv und vorteilhaft für Arbeitnehmer zu gestalten und zu positionieren.[4] Ein sog. „War for Talents" zwischen Unternehmen, um qualifizierte Mitarbeiter zu gewinnen und langfristig an sich zu binden, hat bereits begonnen und wird auch zukünftig aufrechterhalten.[5] Die primären Ziele von Emloyer Branding bzw. einer effizienten Employer Branding-Strategie für ein Unternehmen sind:[6]

- Etablierung bzw. Stärkung einer Arbeitgebermarke
- Rekrutierung von neuen Mitarbeitern

---

[1] Vgl. Immerschitt (2019), S. 1.
[2] Vgl. kununu (2022).
[3] Vgl. Hesse/Mattmüller (2019), S. 22.
[4] Vgl. Kanning (2016), S. 134.
[5] Vgl. Hesse/Mattmüller (2015), S. V.
[6] Vgl. Landwehr (2019).

- Langfristige Bindung von Mitarbeitern

Im Folgenden wird der Employer Branding-Prozess und das damit verbundene systematische Vorgehen näher beleuchtet. Um die gewünschten Ziele zu erreichen, müssen alle Aktivitäten und Maßnahmen sinnvoll in diesem Prozess erfasst und umgesetzt werden. Der Employer Branding-Prozess besteht aus vier Phasen (1. Analyse, 2. Planung, 3. Implementierung, 4. Beurteilung) und wird in Abbildung 1 veranschaulicht.

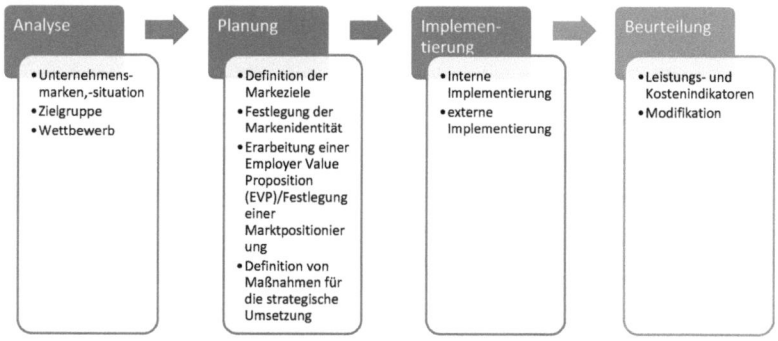

Abbildung 1: Der Employer Branding-Prozess

Quelle: Eigene Darstellung in Anlehnung an Hesse und Mattmüller (2015) S. 27

Entscheidend ist, das Employer Branding immer im Unternehmen selbst anfängt und nicht außerhalb, da zuerst die eigenen „Mitarbeiter (…) gewonnen und überzeugt werden müssen, bevor externe Zielgruppen angesprochen werden können."[7]

1.1 Analyse

Im ersten Schritt des Employer Branding-Prozesses steht zunächst die aktuelle Situation sowie das Umfeld des Unternehmens im Fokus. Das Unternehmen muss konkret wissen, wie es extern wahrgenommen wird, um dadurch Stärken und Schwächen als Arbeitgeber zu identifizieren. Durch eine interne Befragung lässt sich ein Stimmungsbild von Mitarbeitern und Führungskräften über die Einstellung zum Unternehmen einholen. Nur dadurch kann gewährleistet werden, dass die Arbeitgebermarke im Einklang mit den Interessen der Mitarbeiter steht.

---

[7] Hermanni (2021), S. 40.

Der bisherige Bewerbungsprozess für das Unternehmen und die darin enthaltenen Berührungspunkte (Touchpoints) mit den Bewerbern sind kritisch zu reflektieren, um anschließend Verbesserungspotenziale zu identifizieren. Komplizierte und langwierige Bewerbungsprozesse können talentierte Arbeitskräfte schnell zur Konkurrenz verschlagen. Aussagekräftige Informationsquellen zur Analyse der Ausgangssituation sind bspw. bereits vorhandene interne und externe Studien, Mitarbeiterbefragungen, öffentliche Umfragen sowie Bewerberbefragungen. Zudem soll das Unternehmen den Personalbedarf für die nächsten fünf Jahre kennen, um anschließend gezielte Planungen und Maßnahmen durchzuführen.[8]

Eine entscheidende Komponente ist die Analyse der Zielgruppen. Diese können durch interne (Mitarbeiter) sowie externe (Fachkräfte) vertreten sein. Nach dem die Zielgruppen identifiziert sind, können deren Präferenzen, Anforderungen und Werte weiter in die Planung (Schritt 2) einfließen. Wichtig für den Arbeitgeber ist es zu wissen, worin Differenzierungsfaktoren zur Konkurrenz bestehen, was durchschnittliche Arbeitgeber von attraktiven Arbeitgebern unterscheidet sowie Faktoren, die das eigene Image am stärksten beeinflussen.[9] Für alle weiteren Aktivitäten ist die Analyse der Wettbewerber maßgeblich. Nach deren Identifizierung gilt es, das Employer Branding, die Employer Value Proposition (EVP) sowie die Gesamtstrategie der Konkurrenz zu analysieren und zu verstehen. Anhand der daraus gewonnen Fakten und Erkenntnisse können anschließend realistische Ziele formuliert werden.[10]

1.2 Planung

In der Planungsphase wird aus den in Schritt 1 gewonnen Erkenntnissen ein Konzept für die Entwicklung der Arbeitgebermarke erstellt. Im Fokus steht die Strategie zur Positionierung der Arbeitgebermarke. Nach der Bestimmung der Zielgruppen benötigt es als nächstes eine konkrete Zielsetzung. Diese Ziele sind zeitlich zu terminieren und messbar zu machen. Das übergeordnete Ziel ist es, sich deutlich von Wettbewerbern abzuheben, um eine dominierende Position in den Köpfen der Zielgruppe einzunehmen. Umgangssprachlich: Man wird so zum

---

[8] Vgl. Hesse/Mattmüller (2019), S. 27–28.
[9] Vgl. Hesse/Mattmüller (2019), S. 28.
[10] Vgl. Hesse/Mattmüller (2019), S. 28.

Arbeitgeber der ersten Wahl. Untergeordnete Ziele des Employer Branding-Prozesses sind bspw. Vertrauensaufbau oder Aufbau des Wir-Gefühls. Als nächstes wird die Markenidentität des Arbeitgebers definiert. Dazu zählen u.a. wofür das Unternehmen steht und dessen Werte. Die Markenidentität sorgt dafür, wie das Unternehmen auf die relevanten Zielgruppen wirkt und ist sorgfältig zu berücksichtigen.[11] Als nächstes wird das Wertversprechen des Arbeitgebers (EVP) definiert. Darin enthalten sind Werte und Eigenschaften des Unternehmens, die von potenziellen Bewerbern als wichtig erachtet werden. Die EVP ist authentisch und glaubwürdig zu formulieren und mit der Unternehmenskultur übereinzustimmen. Zusätzlich erfolgt die Kanalauswahl für die bestmögliche interne und externe Kommunikation, um die Botschaften des Employer Brandings im nächsten Schritt zu vermitteln.[12] Desweitern umfasst diese Phase die Planung von Kosten und Ressourcen sowie die Festlegung von Key Performance Indicators (KPIs) für die spätere Beurteilung der Maßnahmen. Hermanni (2021) empfiehlt ein Employer Branding-Projektteam zu etablieren, das regelmäßig im Austausch mit der Geschäftsführung steht.[13]

1.3 Implementierung

In dieser Phase wird die zuvor erstellte EVP an allen relevanten Berührungspunkten (Touchpoints) zwischen Unternehmen und Zielgruppen implementiert. Man spricht vom sog. Roll-out, bei dem die Maßnahmen der Planungsphase eingeführt werden. Da Unternehmen, wie bereits erwähnt, zuerst die interne Zielgruppe gewinnen und überzeugen müssen, wird die Implementierung im Folgenden zwischen intern und extern differenziert.[14]

1.3.1 Interne Implementierung

Die interne Implementierung der Maßnahmen erfolgt zunächst bei Human Ressource (HR) - Geschäftsprozessen und dem Recruiting. Im Fokus stehen dabei zunächst die Führungskräfte und Angestellten, die am Bewerberprozess beteiligt sind und im Anschluss die restliche Belegschaft. Dafür können bspw. gezielte Schulungen und Workshops eingesetzt werden.[15] Ziel ist es, die zuvor geplanten

---

[11] Vgl. Hesse/Mattmüller (2019), S. 28–29.
[12] Vgl. Hesse/Mattmüller (2019), S. 29–30.
[13] Vgl. Hermanni (2021), S. 40–41.
[14] Vgl. Hermanni (2021), S. 41.
[15] Vgl. User (2014).

Maßnahmen entlang des Employee Journey zu implementieren sowie die EVP intern zu positionieren.[16] Die richtige interne Implementierung ist entscheidend, um das gewünschte Arbeitgeberimage bei den Mitarbeitern zu verankern. Ihnen ist das Gefühl zu vermitteln, am Employer Branding beteiligt und nicht nur davon betroffen zu sein, um sie zukünftig als überzeugende Botschafter im externen Umfeld zu verstehen und einzusetzen.[17]

1.3.2 Externe Implementierung

Dieser Teil der Implementierung bezieht sich auf die externe Positionierung der EVP sowie die Candidate Journey mit den dazugehörigen Touch Points. Zum Candidate Journey zählen die Bewerbungsphase, die Wahrnehmungen über den Arbeitgeber sowie der Einstellungsprozess (Onboarding). Die Touch Points sind z.B. die eigene Webseite, Recruiting-Apps sowie Vorstellungsgespräche.[18] Touch Points tragen zum Image der Arbeitgebermarke bei. Die vermittelten Botschaften sollen authentisch und über alle Kanäle hinweg beständig sein. Attraktive Gestaltungsparameter für zukünftige Stellenausschreibungen sind bspw. gute Karrieremöglichkeiten, Aufstiegschancen, Fortbildungsangebote, Auslandsaufenthalte, Ausgestaltung des Arbeitsumfelds (technische Ausstattung, ergonomische Arbeitsplätze) sowie vorteilhafte Urlaubs- und Arbeitszeitregelungen.[19]

1.4 Beurteilung

Im letzten Schritt des Employer Branding-Prozesses ist mithilfe der vorab festgelegten KPIs zu analysieren, ob die gesetzten Ziele erreicht werden und die Maßnahmen zum erwünschten Erfolg führen. Optimierungs-/ Verbesserungspotenziale sind an dieser Stelle aufzuzeigen, um den fortlaufenden Prozess des Employer Brandings kontinuierlich zu verbessern. Die Beurteilung lässt sich anhand quantitativer und qualitativer Daten durchführen. So können bspw. bei der Beurteilung interne Faktoren wie Mitarbeiterzufriedenheit und -fluktuation, Fehlzeiten und Personalbindungsraten eingerechnet werden, genauso sind externe Faktoren, wie die Anzahl von Bewerbungen auf offene Stellen, Bewertungen des Arbeitgebers auf Bewertungsplattformen und Neueinstellungen mit einzubeziehen. Fakt ist, dass die Wirkung der Maßnahmen des Employer Brandings sich erst

---

[16] Vgl. Hermanni (2021), S. 41.
[17] Vgl. employerbranding.org (2022).
[18] Vgl. Hermanni (2021), S. 41.
[19] Vgl. Hesse/Mattmüller (2019), S. 31.

längerfristig zeigt. Employer Branding eignet sich insbesondere für Unternehmen, die Schwierigkeiten bei der Gewinnung oder Bindung von Mitarbeitern haben. Es beschreibt die Maßnahmen, die ein Unternehmen ergreifen kann, um die eigene Arbeitgebermarke zu stärken und sich erfolgreich am Markt zu etablieren. Dies wiederum fördert langfristig die Mitarbeitergewinnung und -bindung.

2 Möglichkeiten zur Mitarbeiterbindung und Einsatz von Mitarbeitern als Markenbotschafter

Für ein Unternehmen, dass durch erfolgreiches Personalmarketing, Employer Branding sowie valide Auswahlverfahren neue Mitarbeiter rekrutiert, ist die nächste Aufgabe, diese langfristig an sich zu binden. Ein Ziel der Mitarbeiterbindung ist, dass Stellen im Unternehmen nicht nach kurzer Zeit neu besetzt werden müssen.[20] Eine Umfrage aus dem Jahr 2021 ergibt, dass ein gutes Betriebsklima mit 59 % der wichtigste Faktor für die Mitarbeiterbindung ist.[21] Verdeutlicht werden die wichtigsten Maßnahmen in der folgenden Abbildung.

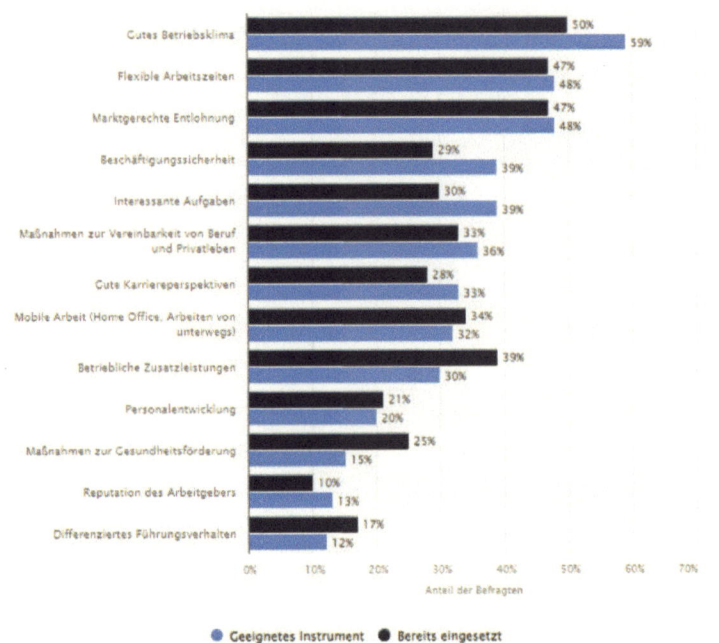

Abbildung 2: Umfrage zu den geeigneten Maßnahmen zur Mitarbeiterbindung

Quelle: Statista (2022)

---

[20] Vgl. Kanning (2016), S. 190.
[21] Vgl. Statista (2022).

In dieser Aufgabe werden Möglichkeiten bzw. Maßnahmen für Unternehmen zur Mitarbeiterbindung näher beleuchtet. Aufgrund des vorgegebenen Umfangs dieser Aufgabe, werden zentrale Möglichkeiten aufgeführt. Eine Auflistung jeder einzelnen Möglichkeit würde den Rahmen dieser Aufgabe schnell überschreiten. Die Aspekte zur Mitarbeiterbindung werden in Arbeitsinhalte, Arbeitsbedingungen und Führung untergliedert. Im Anschluss daran wird erläutert, ob es sinnvoll ist, Mitarbeiter als Markenbotschafter einzusetzen. Nicht Gegenstand dieser Aufgabe ist es, die psychologischen Grundlagen sowie den Prozess der Mitarbeiterbindung darzulegen.

2.1 Arbeitsinhalte

In Bezug zur Mitarbeiterbindung, sollen die jeweiligen Arbeitsinhalte zum Mitarbeiter passen. Zu berücksichtigen sind 1. berufliche Qualifikationen, 2. persönliche Fähig- und Fertigkeiten, 3. Arbeitsmotive und 4. Interessen. Hinsichtlich dieser Aspekte bedarf es der beständigen Kommunikation zwischen Arbeitgeber und Arbeitnehmer. Diese werden im Folgenden kurz erläutert. Die Herausforderung bei der Umsetzung dieser Maßnahmen ist, dass die Mitarbeiter korrekt analysiert und eingeschätzt werden.[22]

1. Berufliche Qualifikationen, die Beschäftigte in der Ausbildung und beruflichen Praxis erlernt haben, sollen am Arbeitsplatz zum Einsatz kommen.

2. Persönliche Fähig-/ Fertigkeiten der Mitarbeiter sowie deren Persönlichkeit und soziale Kompetenzen sollen bei der Vergabe von Arbeitsaufgaben berücksichtigt werden, um diese nicht zu über- oder unterfordern. Unternehmen können bspw. darauf achten, dass introvertierte (bzw. schüchtern wirkende) Menschen nicht ausschließlich im direkten Kundenkontakt stehen.

3. Arbeitsmotive sind Bedürfnisse und Ziele von Angestellten wie bspw. Anerkennung, Karriere, Sicherheit oder Work-Life Balance. Der Arbeitsplatz soll diese individuellen Bedürfnisse ausreichend befriedigen.

4. Wenn möglich sollen Mitarbeiter ansprechende Arbeitsaufgaben übernehmen, für die sie sich interessieren. Dies steigert nicht nur die intrinsische Motivation, sondern verbessert die Qualität der Ergebnisse.

---

[22] Vgl. Kanning (2016), S. 224.

Weitere Ansätze sind *Job Rotation* (Arbeitswechsel), *Job Enlargement* (Arbeitsausweitung) und *Job Enrichment* (Arbeitserweiterung). Bei der *Job Rotation* wechseln Mitarbeiter bspw. wöchentlich die Arbeitsplätze. Dies sichert laut Marrenbach und Geiger (2019) dem Unternehmen den „systematischen Erhalt der erworbenen Qualifikation der Mitarbeiter" und ermöglicht den Angestellten „einen größeren Einblick über den gesamten Wertschöpfungsprozess des Unternehmens". Die Mitarbeiter verstehen dadurch ihre Rolle im Unternehmen besser. Eine Möglichkeit, die Vielfalt der Aufgaben am Arbeitsplatz zu steigern, um damit abwechslungsreichere Stellen zu schaffen, ist das *Job Enlargement*. Hier werden auf gleichem Qualitätsniveau zusätzliche Aufgaben in den Arbeitsalltag des Mitarbeiters implementiert. Wohingegen beim *Job Enrichment* die Tätigkeitsfelder der Mitarbeiter mit höherwertigen Tätigkeiten angereichert werden. Dies kann das Commitment (Engagement) der Mitarbeiter steigern, Unterforderungen reduzieren und sie langfristig motivieren und binden.[23]

Auch die verstärke Einführung von Gruppenarbeiten ermöglicht vielfältigere Aufgaben für die einzelnen Mitarbeiter. Zusätzlich entsteht dadurch ein Austausch und eine gemeinsame Zielsetzung für Arbeitsprojekte mit anderen. Entscheidend für die Angestellten ist es, den Sinn der Tätigkeit zu erkennen, sich nicht leicht ersetzbar zu fühlen und regelmäßig Wertschätzung bzw. Feedback von Kollegen und Vorgesetzten zu bekommen. Maßgeblich für den Arbeitgeber gegenüber den Mitarbeitern ist, die Bedeutung von Arbeitsaufgaben transparent zu machen und ggf. zu steigern.[24]

2.2 Arbeitsbedingungen

Im Folgenden werden die Komponenten Arbeitsplatzsicherheit (Arbeitsgarantie), Entlohnung/ Gehalt, Arbeits-/ Betriebsklima sowie Personalentwicklung näher beleuchtet.

Je mehr Zukunftssicherheit Arbeitsplätze bieten, desto positiver sind die Auswirkungen für das Unternehmen und die Mitarbeiter sowie die gesamte Wirtschaft. Eine Studie von Multi-JOBINSEC bestätigt die Korrelation von mangelnder Zukunftssicherheit am Arbeitsplatz mit diversen Variablen wie bspw. das allgemeine Wohlbefinden, die Arbeitszufriedenheit und das Konsumverhalten. Unsicherheit

---

[23] Vgl. Marrenbach/Geiger (2019), S. 360–361.
[24] Vgl. Kanning (2016), S. 225.

und Ungewissheit bei Mitarbeitern lassen sich verringern, indem sie in organisatorische Entscheidungsprozesse mit eingebunden werden. Zusätzlich können Mitarbeiterkompetenzen gestärkt werden, um Entwicklungsmöglichkeiten im eigenen Unternehmen zu fördern und die Wertschätzung der Mitarbeiter zu erhöhen.[25]

Der Fakt, dass Geld allein die Mitarbeiterbindung stärkt, wird in einigen Studien widerlegt. Insofern die Angestellten ihre Arbeit lediglich aufgrund einer finanziellen Belohnung erledigen und dabei keine Passion für die Tätigkeit entwickeln, entsteht keine langfristige Begeisterung oder emotionale Bindung. Eine Identifizierung mit dem Unternehmen kann unter diesen Umständen nicht erfolgen.[26] Dennoch sind Gehälter fair und angemessen zu gestalten. Zu berücksichtigen sind dabei Berufsbildung, Weiterbildungen, Zeit am Arbeitslatz und Engagement. Um Einfluss auf die Mitarbeiterbindung über das Gehalt zu nehmen, muss neben der Höhe, die Relation im Vergleich zu anderen Mitarbeitern beachtet werden.[27]

Für viele Mitarbeiter ist das Arbeitsklima entscheidend dafür, warum sie sich am Arbeitsplatz wohl oder unwohl fühlen. Das Wohlbefinden der Mitarbeiter eines Unternehmens ist der entscheidende Faktor (vgl. Abbildung 2) für die Mitarbeiterbindung, Attraktivität des Arbeitgebers sowie für den Erfolg des Unternehmens. Wichtige Erkenntnisse für zukünftige Planungen zur Mitarbeiterbindung, können durch Messungen des Arbeits-/ Betriebsklimaklima gewonnen werden. Regelmäßige Mitarbeiterbefragungen im internen Umfeld sind hier von großem Vorteil.[28]

Vor allem jüngere Arbeitnehmer wünschen sich andere Dinge von ihrer Arbeit als ältere. Sie neigen dazu, sich Tätigkeiten zu suchen, die es ihnen ermöglichen, sich weiterzubilden, ihr Wissen zu vertiefen und ihr berufliches Netzwerk zu erweitern. Darüber hinaus ist es für Unternehmen von entscheidender Bedeutung, die Wünsche jüngerer Arbeitnehmer bei der Entwicklung von Mitarbeiterbindungsstrategien zu berücksichtigen. Entscheidend für diese Strategien ist, dass sich für die Branche wertvolle Mitarbeiter durch Motivation und Eigenverantwortung langfristig engagieren. Mitarbeiter verlieren schnell das Interesse an einem

---

[25] Vgl. Multi-JOBINSEC (2018).
[26] Vgl. Schiwietz (2015).
[27] Vgl. Kanning (2016), S. 226–227.
[28] Vgl. Wir sind Ihr Fachkräftesicherer! (2022).

Unternehmen, das ihre Bedürfnisse nicht erfüllt. Sie werden sich woanders nach Arbeitsplätzen umsehen, wenn sie das Gefühl haben, dass ihr derzeitiger Arbeitgeber kein Entwicklungspotential für sie bereitstellt. Auf der anderen Seite werden Unternehmen, die Mitarbeiter wachsen und sich entwickeln lassen, diese lange an sich binden.[29]

2.3 Führung

Eine Fokussierung auf klar definierte Ziele hin führt langfristig zum Erfolg. Dabei sollen Mitarbeiter mit Vorgesetzten an der Definition der Ziele mitwirken. Insofern Ziele vorgegeben werden, soll die Bedeutung dieser nachvollziehbar sein. Als besonders erfolgreich erweisen sich Vorhaben, bei denen das Ziel präzise und herausfordernd formuliert ist. Dabei kann es leicht über dem bisherigen Leistungsniveau liegen, ohne den Mitarbeiter damit zu überfordern. Die Führungskraft verdeutlicht im Idealfall den Angestellten, wie entscheidend die Umsetzung der festgelegten Ziele ist, um sich dadurch bspw. gegen Konkurrenten zu behaupten oder die eigenen Arbeitsplätze zu sichern. Zusätzlich empfiehlt es sich, mit den einzelnen Mitarbeitern regelmäßig zu reflektieren, wie gut bestimmte Leistungen umsetzt werden. Dies kann z.B. durch ein Feedbackgespräch erfolgen. Dabei ist zu beachten, dass es sich um ein motivierendes Feedback handelt, das sowohl anerkennende als auch korrigierende und weiterführende Inhalte aufweist.[30]

Ein weiterer wichtiger Faktor am Arbeitsplatz ist die Flexibilität. Heutzutage wünschen sich dies zum einen die Unternehmen, um auf externe Faktoren wie saisonale Schwankungen und Technologietrends zu reagieren. Es sind aber auch die Mitarbeiter, die neben flexiblen Arbeitsmodellen wie Teilzeit und flexiblen Arbeitszeiten auch Elternzeitmodelle für Männer und Frauen nutzen. Andere Mitarbeiter interessieren sich möglicherweise dafür, ins Ausland zu gehen oder sich eine Auszeit zu nehmen. Arbeitgeber bzw. Führungskräfte, die in der Lage sind, genau diese Wünsche und Bedürfnisse ihrer Mitarbeiter zu erfassen und bestenfalls zu erfüllen, sorgen für eine stärkere emotionale Bindung.[31]

---

[29] Vgl. Schiwietz (2015).
[30] Vgl. Kanning (2016), S. 230–231.
[31] Vgl. Schiwietz (2015).

2.4 Mitarbeiter als Markenbotschafter

Eine Studie der Firma Henkel ergab, dass der Markenerfolg eines Unternehmens zu 63,5 % durch Massenmedien und zu 31,5 % durch markenspezifisches Mitarbeiterverhalten beeinflusst wird, während die rein funktionale Mitarbeiterleistung im Durchschnitt nur 5 % zum Markenerfolg beiträgt.[32] Mittlerweile setzen rund 49% der Unternehmen in Deutschland auf Markenbotschafter (Corporate Influencer). Ein Grund dafür ist bspw. die höhere Glaubwürdigkeit gegenüber der Zielgruppe im Vergleich zu externen Influencer, denen laut einer Studie, nur 7 % der Deutschen vertrauen.[33] Die Wettbewerbsvorteile für Unternehmen, die sich durch den Einsatz von Markenbotschaftern ergeben, sowie die Vorteile für die Markenbotschafter selbst, fasst Hoffmann (2017) wie folgt zusammen:[34]

Vorteile für Unternehmen	Vorteile für den Markenbotschafter
• Stärkere Sichtbarkeit	• Höherer Personenmarktwert
• Gesteigerte Glaubwürdigkeit	• Informationsvorsprung
• Interessantere Inhalte	• Vorsprung bei der Stellensuche
• Größere Nähe zu Stakeholdern	• Mehr persönlicher Rückhalt
• Direkte Schnittstellen in die Öffentlichkeit	• Zukunftsfähigkeit
• Stärkere Kunden-Marken-Bindung	
• Vorsprung am Arbeitsmarkt	
• Gesteigerte Mitarbeitermotivation	
• Informationsvorsprung	
• Vorbeugung für Krisenfälle	

Tabelle 1: Vorteile für Unternehmen und Markenbotschafter

Quelle: Eigene Darstellung in Anlehnung an Hoffmann (2017) S.13-15

Neben diesen Vorteilen ergeben sich zusätzliche Aspekte für die Mitarbeitergewinnung und -bindung. Heutzutage tauschen sich junge Menschen verstärkt in den sozialen Medien über ihren Arbeitgeber aus, unterstützen sich bei Bewerbungen und werben Freunde/ Bekannte als zukünftige Mitarbeiter. Die im Internet ausgeschriebenen Stellen lassen sich direkt mit potenziellen Kandidaten teilen und gemeinsam vergleichen. Somit nehmen die Bedeutung und der Einfluss von

---

[32] Vgl. Kilian (2012), S. 45.
[33] Vgl. Sturmer (2020), S. 1–2.
[34] Vgl. Hoffmann (2017), S. 13–14.

Mitarbeitern als Markenbotschafter in Bezug zur Mitarbeitergewinnung deutlich zu.[35]

Beschäftigte, die gezielt als Markenbotschafter eingesetzt werden, fühlen Wertschätzung und Vertrauen, die ihnen vom Unternehmen entgegengebracht werden und identifizieren sich deshalb stärker mit dem eigenen Betrieb.[36] Sie sind Teil des Employer Brandings und können das Unternehmen zusätzlich für andere zu einem herausfordernden, professionellen und leidenschaftlichen Ort gestalten. Der Faktor Mensch ist ein entscheidendes Erfolgskriterium, weshalb es sinnvoll ist, die Menschen, die das Unternehmen prägen, als Repräsentanten des Arbeitgebers einzusetzen. Durch deren persönliche Reputation wird die Arbeitgebermarke gestärkt und subjektiv greifbar.[37] Laut Schrodt (2017) „sind Markenbotschafter mehr als nur ein Gesicht, sie sind der Pulsschlag des Unternehmens, der nach außen fühlbar wird".[38]

---

[35] Vgl. Schellinger (2020), S. 191.
[36] Vgl. Hoffmann (2020), S. 228.
[37] Vgl. Buckmann (2017), S. 99.
[38] Buckmann (2017), S. 99.

3 Möglichkeiten zur Mitarbeitergewinnung durch den Einsatz von externen Instrumenten des Employer Brandings

In dieser Aufgabe werden die Begriffe Mitarbeitergewinnung, Personalbeschaffung und Recruiting gleichbedeutend verwendet.

3.1 Ausgangssituation der Personalbeschaffung

Die Personalbeschaffung zählt zu den wichtigsten Funktionen des Personalmanagements eines Unternehmens. Ziel ist es, „den bedarfsgerechten Umfang an Arbeitsleistung mit der passenden Qualifikation zum richtigen Zeitpunkt und für den richtigen Zeitraum am richtigen Ort bereitzustellen."[39] Die Grundlage dafür ist die Personalbedarfsermittlung sowie der aktuelle Personalbestand. Dabei wird zunächst die Anzahl der benötigten Mitarbeiter anhand beschaffungsrelevanter Informationen ermittelt. Diese Informationen sind die Voraussetzung dafür, um anschließend die Beschaffungsart auszuwählen und den Beschaffungsweg zu verfolgen. Sie umfassen die aktuellen Arbeitsmarktbedingungen, die Position des Unternehmens auf dem Arbeitsvermittlungsmarkt sowie die Erwartungen und Ziele aktueller und potenzieller Mitarbeiter. Zudem sind rechtliche Faktoren zu berücksichtigen, da bspw. der Betriebsrat Einfluss (Beteiligungsrechte) auf den Beschaffungsprozess hat. Die damit verbundenen Kalkulationen und Planungen stellen einen eigenen Tätigkeitsbereich im Personalmanagement dar und werden hier nicht weiter ausgeführt.[40]

3.2 Mögliche Beschaffungswege

Unternehmen können interne sowie externe Beschaffungswege verfolgen, um die Beschaffungsziele zu erfüllen. Die Auswahl der Wege erfolgt im Regelfall anhand der betrieblichen Situation.[41] Die folgende Abbildung dient als Überblick über mögliche Beschaffungswege. Im Fokus dieser Aufgabe steht die externe Personalbeschaffung für Unternehmen mit dem unverzichtbaren Ziel neue Mitarbeiter zu gewinnen.

---

[39] Vgl. Nicolai (2018), S. 69.
[40] Vgl. Nicolai (2018), S. 69.
[41] Vgl. Jung (2012), S. 136.

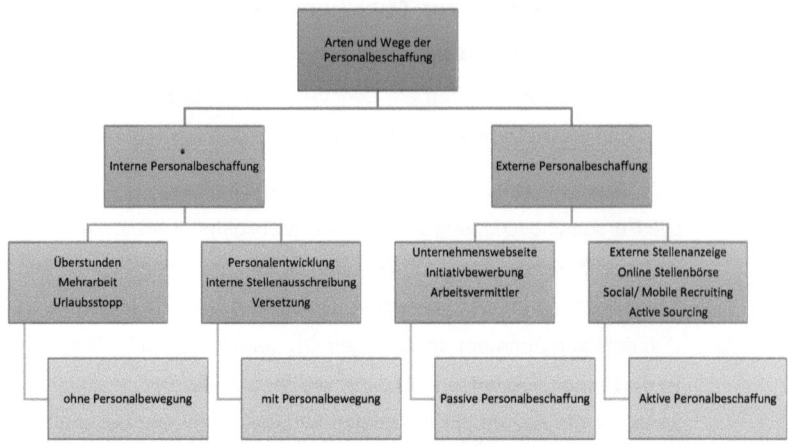

Abbildung 3: Personalbeschaffungswege für ein Unternehmen

Quelle: Eigene Darstellung in Anlehnung an Hentze (2001) S. 262

3.3 Externe Personalbeschaffung

Externes Recruiting kommt immer dann zum Einsatz, wenn der Personalbedarf eines Unternehmens nicht intern abgedeckt werden kann. Gründe dafür sind bspw. keine passenden Kandidaten, die notwendige Weiterbildung ist zu umfangreich oder eine interne Versetzung ist nicht möglich ist.[42] Ziel der externen Personalbeschaffung ist es, Mitarbeiter auf dem Arbeitsmarkt außerhalb des Unternehmens zu gewinnen. Primär handelt es sich hier um Festanstellungen von neuen Mitarbeitern, jedoch umfasst das externe Recruiting auch die Anstellung von Zeitarbeitskräften und Freelancern.[43]

3.3.1 Passive Personalbeschaffung

Die passive Personalbeschaffung beinhaltet Rekrutierungswege, die nur geringe Eigeninitiative vom Unternehmen erfordern. Sie bezieht sich auf die Mitarbeitergewinnung durch bspw. Initiativbewerbungen, bei denen das entsprechende Unternehmen die Bewerbung ohne Rekrutierungsmaßnahmen erhält. Je attraktiver

---

[42] Vgl. Nicolai (2018), S. 81–82.
[43] Vgl. persomatch (2022).

ein Unternehmen auf dem Arbeitsmarkt ist, desto mehr Initiativbewerbungen werden erfolgen. Das Employer Branding und der Aufbau eines systematisch gemanagten Talentpools spielen dabei eine wichtige Rolle.[44] Eine weitere Möglichkeit Fachkräfte für ein Unternehmen passiv zu gewinnen, ist der Einsatz von Arbeitsvermittlern. Es handelt sich hierbei entweder um Arbeitsagenturen oder private Arbeitsvermittler. Diese vermitteln gegen ein Honorar Arbeitssuchende an ein Unternehmen.[45]

Digitale Beschaffungswege (E-Recruiting) kommen bei Unternehmen immer stärker bei der Mitarbeitergewinnung zum Einsatz. Dabei sind die Grenzen zwischen aktiver und passiver Personalbeschaffung fließend. Eine aktive Form des E-Recruiting wäre bspw. Stellenplattformen zu nutzen, um gezielt offene Stellen im Unternehmen auf dem externen Arbeitsmarkt auszuschreiben. Wohingegen das Erstellen einer Unternehmenswebseite mit einem Karriereportal eine passive Form des E-Recruiting ist.[46] Dieses Portal ist für Bewerber ein Konglomerat an wichtigen Informationen und Möglichkeiten für den gesamten Bewerbungsprozess. Im Idealfall sollen darin aktuelle Stellenanzeigen, Antworten auf häufig gestellte Fragen zur Bewerbung, Schilderung des Bewerbungsprozesses, Ansprechpartnern, Hintergrundinformationen zum Unternehmen, den Kollegen sowie dem Arbeitsumfeld enthalten sein. Hinzu kommen Angaben zu den möglichen Beschäftigungen und zu dem Standort. Abschließend bedarf es der Möglichkeiten, die Bewerbung direkt online abzugeben sowie der kontinuierlichen Nachverfolgung des Bewerbungsstatuses. Das Portal soll intuitiv bedienbar und möglichst ansprechend gestaltet sein, um den Arbeitgeber attraktiv und innovativ darzustellen und potenzielle Bewerber zur Bewerbung zu animieren.[47]

Weitere Möglichkeiten der passiven Personalbeschaffung durch externe Employer Branding-Instrumente sind bspw. Öffentlichkeitsarbeit (Pressemitteilungen, Publikationen, Blog auf der eigenen Webseite) sowie Bewerberkarteien.[48]

---

[44] Vgl. persomatch (2022).
[45] Vgl. Nicolai (2018), S. 82.
[46] Vgl. Jung (2012), S. 148.
[47] Vgl. Personal-Wissen.de (2017).
[48] Vgl. Hermanni (2021), S. 80.

3.3.2 Aktive Personalbeschaffung

Bei der aktiven Personalbeschaffung werden verschiedene Maßnahmen und Instrumente gezielt eigesetzt, um potenzielle Mitarbeiter zu rekrutieren. Das Unternehmen wird dabei selbst aktiv, um sich nach geeigneten Kandidaten umzuse-
hen. Es lassen sich klassische Methoden wie Stellenanzeigen in Printmedien sowie Personalberater und Empfehlungen von Betriebsangehörigen von den modernen Beschaffungsmöglichkeiten unterscheiden.[49] Aufgrund des vorgegebenen Umfangs dieser Aufgabe, liegt der Fokus auf den modernen Beschaffungs-
methoden (E-Recruiting). Diese sind Active Sourcing, Social und Mobile Recruiting.

Active Sourcing lässt sich ins Deutsche mit „aktiver Personalbeschaffung" über-
setzen. Generell umfasst *Active Sourcing* alle Methoden und Maßnahmen, mit
denen Unternehmen geeignete Kandidaten für aktuelle oder zukünftige Stellenangebote auswählen und kontaktieren. Das *Active Sourcing* setzt sich aus zwei
Phasen zusammen:[50]

1. Die Suche nach den passenden Kandidaten: Im Mittelpunkt steht die Suche nach geeigneten Personen für aktuelle oder zukünftige Positionen.
2. Die individuelle Kontaktaufnahme: Nachdem geeignete Kandidaten identifiziert werden, muss das Unternehmen diese kontaktieren und wenn
   möglich rekrutieren.

Anders als beim klassischen Recruiting geht es nicht mehr darum, eine Stellen-
anzeige zu schalten und auf Bewerbungen zu warten. Stattdessen übernehmen
Recruiter die Rolle von sog. Headhuntern. Sie suchen aktiv nach qualifizierten
Kandidaten, sprechen diese gezielt an und bauen idealerweise persönliche Be-
ziehungen zu potenziellen Mitarbeitern auf. Die Herausforderung dabei ist, dass
die potenziellen Mitarbeiter in der Regel nicht arbeitssuchend sind.[51]

Unter **Social Recruiting** versteht man, „das Verwenden von Daten aus sozialen
Netzwerken zur zielgerichteten Platzierung von Werbebotschaften durch Arbeitgeber und Personalvermittler [...], die sich am Interesse der Zielpersonen – po-

---

[49] Vgl. BWL-Wissen.net (2020).
[50] Vgl. Haufe (2022).
[51] Vgl. Haufe (2022).

tenzieller Kandidaten – orientieren. Ein sogenannter One-to-One-Dialog im besten Fall."[52] Es ist eine neue Form der Personalbeschaffung, die soziale Netzwerke als Rekrutierungskanal verwendet. Die Möglichkeiten für die Mitarbeitergewinnung durch soziale Medien eröffnen Recruiter neue Wege. So kann ein Unternehmen durch das eigene Profil Stellenangebote veröffentlichen. Ein sog. Job-Post ist ein Hinweis auf eine freie Stelle mit einem Link für weitere Informationen. Diese Beiträge (Posts) können eine hohe Reichweite erzielen, da andere Nutzer diese verbreiten können. Diese Anzeigen lassen sich teilweise kostenfrei und schnell erstellen.[53]

Eine weitere Möglichkeit, die sich durch die sozialen Netzwerke für ein Unternehmen ergibt, ist die Positionierung als attraktiver Arbeitgeber. Dies ist Teil des Employer Brandings. Der private Charakter der sozialen Netzwerke ermöglicht es, die Zielgruppen auf Augenhöhe anzusprechen und dabei Einblicke in den Arbeitsalltag zu geben. Speziell bei jüngeren Generationen, die bei der Auswahl des Arbeitgebers ein gutes Betriebsklima und flache Hierarchien, im Gegensatz zu hohen Gehältern und großen Namen bevorzugen, ist gutes Employer Branding essenziell.[54]

Ein bedeutsamer Faktor des *Social Recruiting* ist die Verbindung zum *Active Sourcing*. Eine selbstständige Suche nach geeigneten Kandidaten, mit denen man anschließend in Kontakt treten kann. Anhand der Profilinformationen, Interessen und Kommunikationsstile eines Nutzers, können Recruiter die Eignung der Zielperson für ihr Unternehmen bereits abwägen. Suchfunktionen innerhalb der einzelnen Kanäle sorgen in der Regel für eine hohe Treffsicherheit. Wichtig ist die passende Ansprache der Zielgruppe. Recruiter müssen sich gedanklich in die Zielgruppe hineinversetzen und wissen, auf welchen Plattformen diese agieren.[55]

Mobile Recruiting entwickelt sich im Zuge der Digitalisierung, die das Personalmanagement ebenso betrifft. So sind klassische Bewerbungen im Papierformat schon längst von digitalen Bewerbungsverfahren abgelöst. Stellenausschreibungen auf der firmeneigenen Webseite, auf Online-Jobbörsen sowie in den sozialen

---

[52] Vgl. Dannhäuser (2017), S. 42.
[53] Vgl. softgarden (2021).
[54] Vgl. softgarden (2021).
[55] Vgl. softgarden (2021).

Medien stehen heutzutage im Fokus der Personalbeschaffung. Ziel des *Mobile Recruiting* ist, die Mitarbeitergewinnung über mobile Endgeräte wie bspw. das Smartphone oder Tablet. Der Alltag der Menschen wird durch diese Geräte entscheidend geprägt. So kaufen sie bspw. damit Lebensmittel, erledigen das Online-Banking und buchen den nächsten Urlaub. Es liegt daher nahe, dass Recruiting zunehmend mobil wird. Dieser Trend spricht vor allem jüngere Zielgruppen an, die ohnehin von Kind an in Kontakt mit mobilen Endgeräten stehen.[56]

Es haben sich unterschiedliche Formen im mobilen Recruiting etabliert, die sich in den nächsten Jahren verstärkt weiterentwickeln werden. Die Basis für Unternehmen bildet die eigene Webseite. Es gilt diese responsive zu gestalten, d.h. die Webseite lässt sich bequem bspw. über das Smartphone erreichen und nutzen. Des Weiteren entwickeln sich zunehmend Apps, bei denen Bewerber ihre Bewerbung direkt einreichen können. Arbeitgeber der Spitzenklasse besitzen heutzutage eine eigene App, die mit der internen Personalmanagement-Software gekoppelt ist, um den Bewerbungsprozess effizient und attraktiv zu gestalten.[57]

Das übergeordnete Ziel des Mobile Recruiting ist es, den gesamten Bewerbungsprozess zu beschleunigen und zu vereinfachen, um möglichst viele potenzielle Bewerber zu gewinnen. Dabei entsteht für Bewerber die Möglichkeit, ortsungebunden eine Bewerbung zu schreiben. Dies sorgt für mehr Bewerbungen und symbolisiert die Fortschrittlichkeit des Unternehmens gegenüber den Bewerbern.[58]

Die beschriebenen Instrumente der externen Personalbeschaffung dienen lediglich als Beispiele. In der Praxis bewähren sich innerhalb des Employer Brandings branchenabhängige Ansätze zur Mitarbeitergewinnung. Da jedes Unternehmen seine eigene Geschichte, Aufgabe und Struktur hat, sind die Strategien und die externen Instrumente des Employer Brandings an das jeweilige Unternehmen anzupassen.

---

[56] Vgl. Staufenbiel Institut (2022).
[57] Vgl. Staufenbiel Institut (2022).
[58] Vgl. XING E-Recruiting (2022).

Literaturverzeichnis

Buckmann, J. (2017), Einstellungssache: Personalgewinnung mit Frechmut und Können. Frische Ideen für Personalmarketing und Employer Branding, 2. Aufl., Wiesbaden, Heidelberg.

BWL-Wissen.net (2020), ▷ Personalbeschaffung • Definition, Beispiele & Zusammenfassung, in: https://bwl-wissen.net/definition/personalbeschaffung, abgerufen am 7. 9. 2022.

Dannhäuser, R. (2017), Praxishandbuch Social Media Recruiting. Experten Know-How/Praxistipps/Rechtshinweise, 3. Aufl., Wiesbaden, Heidelberg.

employerbranding.org (2022), DEBA Deutsche Employer Branding Akademie | Die 5 Schritte für erfolgreiches Employer Branding, in: https://www.employerbranding.org/magazin/insights/employer-branding-der-praxis, abgerufen am 26. 8. 2022.

Haufe (2022), Ein Überblick zum Thema Active Sourcing, in: https:// www.haufe.de/thema/active-sourcing/, abgerufen am 7. 9. 2022.

Hermanni, A.-J. (2021), Employer Branding. Studienbrief der SRH Fernhochschule Titel-Nr. 1711-01, Riedlingen.

Hesse, G./Mattmüller, R. (2015), Perspektivwechsel im Employer Branding. Neue Ansätze für die Generationen Y und Z, Wiesbaden.

Hesse, G./Mattmüller, R. (2019), Perspektivwechsel im Employer Branding. Neue Ansätze für die Generationen Y und Z, 2. Aufl., Wiesbaden, Heidelberg.

Hoffmann, K. (2017), Lotsen in der Informationsflut. Erfolgreiche Kommunikationsstrategien mit starken Markenbotschaftern aus dem Unternehmen, Freiburg.

Hoffmann, K. (2020), Markenbotschafter - Erfolg mit Corporate Influencern. Überblick, Strategie, Praxis, Tools, Freiburg.

Immerschitt, W. (2019), Employer Branding Für KMU. Der Mittelstand Als Attraktiver Arbeitgeber, 2. Aufl., Wiesbaden.

Jung, H. (2012), Personalwirtschaft, 9. Aufl., München.

Kanning, U. P. (2016), Personalmarketing, Employer Branding und Mitarbeiterbindung. Forschungsbefunde und Praxistipps aus der Personalpsychologie, Berlin, Heidelberg.

Kilian, K. (2012), Mitarbeiter als Markenbotschafter. https://www.markenlexikon.com/texte/asw_kilian_mitarbeiter-als-markenbotschafter_1-2_2012.pdf.

kununu (2022), Arbeitgeber bewerten - Finde deinen besten Arbeitgeber, in: https://www.kununu.com/, abgerufen am 24. 8. 2022.

Landwehr, J. (2019), Employer Branding: Definition, Ziele, Methoden, Beispiele, IT-Talents Employer.

Marrenbach, D./Geiger, L. (2019), Job rotation, job enlargement, job enrichment. In: *Gerlmaier, A./Latniak, E.* (Hrsg.), Handbuch psycho-soziale Gestaltung digitaler Produktionsarbeit. Gesundheitsressourcen stärken durch organisationale Gestaltungskompetenz, Wiesbaden, Heidelberg, S. 359–363.

Multi-JOBINSEC (2018), Mehr Arbeitsplatzsicherheit fördert Wohlbefinden und Leistungsbereitschaft.

Nicolai, C. (2018), Personalmanagement, 5. Aufl., Konstanz, München.

persomatch (2022), Externe Personalbeschaffung I Definition, in: https://persomatch.de/hr-lexikon/externe-personalbeschaffung/, abgerufen am 7. 9. 2022.

Personal-Wissen.de (2017), Employer-Branding: Karriere-Website als Erfolgsfaktor für das Recruiting - Personal-Wissen.de, in: https://www.personalwissen.de/7091/employer-branding-karriere-website-als-erfolgsfaktor-fuer-das-recruiting/, abgerufen am 7. 9. 2022.

Schellinger, J. (2020), Digitale Transformation und Unternehmensführung. Trends und Perspektiven Für Die Praxis, Wiesbaden.

Schiwietz, S. (2015), Mitarbeiterbindung: Die Top-5-Maßnahmen, softgarden.

softgarden (2021), Social Recruiting: Neue Möglichkeiten der Personalbeschaffung, in: https://softgarden.com/de/ressourcen/glossar/social-recruiting/, abgerufen am 7. 9. 2022.

Statista (2022), Human Resources - Maßnahmen zur Mitarbeiterbindung 2021 I Statista, in: https://de.statista.com/statistik/daten/studie/682330/umfrage/umfrage-zu-wichtigen-massnahmen-zur-mitarbeiterbindung-und-deren-umsetzung/, abgerufen am 31. 8. 2022.

Staufenbiel Institut (2022), Mobile Recruiting: So funktioniert die Jobsuche per Smartphone, in: https://www.staufenbiel.de/magazin/bewerbung/mobile-recruiting-trend-erklaert-definition-apps-vor-und-nachteile.html, abgerufen am 7. 9. 2022.

Sturmer, M. (2020), Corporate Influencer. Mitarbeiter Als Markenbotschafter, Wiesbaden.

User, S. (2014), Prozessphase 3: Implementierung, Employer Branding: Mitarbeiterbindung und -gewinnung.

Wir sind Ihr Fachkräftesicherer! (2022), Arbeitsklima - An diesen Faktoren können Sie ansetzen!, in: https://www.fachkraeftesicherer.de/arbeitsklima-wie-zufrieden-sind-arbeitnehmer-in-deutschland/, abgerufen am 1. 9. 2022.

XING E-Recruiting (2022), Mobile Recruiting: Wie es funktioniert und was es bringt | XING E-Recruiting, in: https://recruiting.xing.com/de/wissen-veranstaltungen/wissen/digitalisierung-im-hr-bereich/mobile-recruiting-wie-es-funktioniert, abgerufen am 7. 9. 2022.

BEI GRIN MACHT SICH IHR WISSEN BEZAHLT

- Wir veröffentlichen Ihre Hausarbeit,
  Bachelor- und Masterarbeit

- Ihr eigenes eBook und Buch -
  weltweit in allen wichtigen Shops

- Verdienen Sie an jedem Verkauf

Jetzt bei www.GRIN.com hochladen und kostenlos publizieren